BEI GRIN MACHT SICH IHR WISSEN BEZAHLT

AF135991

- Wir veröffentlichen Ihre Hausarbeit,
  Bachelor- und Masterarbeit

- Ihr eigenes eBook und Buch -
  weltweit in allen wichtigen Shops

- Verdienen Sie an jedem Verkauf

Jetzt bei www.GRIN.com hochladen und kostenlos publizieren

GRIN

Saint Germain und Südtirol 1918/19. Was wollte die österreichische Politik für Südtirol erreichen?

G R I N :)

Bibliografische Information der Deutschen Nationalbibliothek:

Die Deutsche Nationalbibliothek verzeichnet diese Publikation in der Deutschen Nationalbibliografie; detaillierte bibliografische Daten sind im Internet über http://dnb.d-nb.de abrufbar.

ISBN: 9783346263803
Dieses Buch ist auch als E-Book erhältlich.

© GRIN Publishing GmbH
Nymphenburger Straße 86
80636 München

Alle Rechte vorbehalten

Druck und Bindung: Books on Demand GmbH, Norderstedt Germany
Gedruckt auf säurefreiem Papier aus verantwortungsvollen Quellen

Das vorliegende Werk wurde sorgfältig erarbeitet. Dennoch übernehmen Autoren und Verlag für die Richtigkeit von Angaben, Hinweisen, Links und Ratschlägen sowie eventuelle Druckfehler keine Haftung.

Das Buch bei GRIN: https://www.grin.com/document/935700

Saint Germain und Südtirol 1918/19

WS 2019/20

05. März 2020

Inhaltsverzeichnis

1 Einleitung

Vor dem Ersten Weltkrieg 1914 waren Österreich-Ungarn, das Deutsche Reich und Italien Verbündete. Im August dieses Jahres allerdings erklärte sich Italien aufgrund seiner strategischen Interessen auf dem Balkan für neutral. Italien wollte mit Österreich dahingehend verhandeln, jegliche österreichische Besetzungen im Krieg gegen Serbien auf dem Balkan auszugleichen. Österreich erklärte sich bereit, das Trentino an Italien zu übergeben, um seine Neutralität zu gewährleisten, aber die italienischen Forderungen endeten nicht mit dem Trentino: Italien wollte auch Zugriff auf die deutschen Sprachgebiete, diese Forderung wurde von Österreich jedoch abgelehnt. Zur gleichen Zeit verhandelte Italien auch mit den West- und den Ostmächten – Frankreich, England und Russland – in London, um deren Forderungen zu erfüllen und im Krieg auf die Seite der Alliierten zu wechseln. Die Verhandlungen in London waren erfolgreich und am 26. April 1915 wurde der geheime Londoner Vertrag unterzeichnet, in dem auch die italienischen Forderungen von den Alliierten angenommen wurden. Italien stand somit auf der Seite der Alliierten und erklärte Österreich-Ungarn im Mai 1915 den Krieg.[1]

Die Niederlage Österreich-Ungarns und des Deutschen Reiches im Ersten Weltkrieg entschied dann auch das Schicksal Tirols. Die österreichischen Bemühungen, die Einheit Tirols zu retten, scheiterten. Rolf Steininger machte den US-Präsidenten Woodrow Wilson für dieses Scheitern verantwortlich. Die 14-Punkte von Woodrow Wilson sollten eine Garantie sein für das Selbstbestimmungsrecht der Völker und die Grundlage für künftige Friedensverhandlungen bilden. Diese Punkte wurden jedoch nicht erfüllt und Österreich, Tirol und Deutschland waren vom amerikanischen Präsidenten dadurch zutiefst enttäuscht. Am 2. Juni 1919 wurde der österreichischen Delegation der erste Teil der Friedensbedingungen in Saint Germain übergeben, der zweite Teil folgte am 20. Juli. Die Politik von Otto Bauer scheiterte damit und er trat zurück. Am 2. September 1919 wurde der letzte Teil der Friedensbedingungen verkündet und Südtirol wurde ohne Autonomie und ohne eine Garantie für den Schutzes von Minderheiten an Italien übergeben.[2] Die Unterzeichnung des Staatsvertrages von Saint Germain kam am 10. September 1919 zustande, so wurde Österreich ein unabhängiger Staat.[3]

---

[1] Hartwig Falkensteiner: Die italienische Südtirolpolitik von 1918 bis 1922 (Dipl. Arbeit), Innsbruck 1995, S. 8.
[2] Rolf Steininger: Südtirol im 20. Jahrhundert. Vom Leben und Überleben einer Minderheit, Innsbruck 2004, S. 31 und 36.
[3] Hanns Haas: Österreich und die Alliierten 1918-1919, in: Isabella Ackerl und Rudolf Neck (Hg.): Saint Germain 1919. Protokoll des Symposiums am 29. und 30. Mai 1979 in Wien, Wien 1989, S. 11-40, hier S. 39.

a) Aufbau der Arbeit

Diese Arbeit beschäftigt sich mit Saint Germain und Südtirol 1918/19 und umfasst fünf Kapitel. Das erste Kapitel befasst sich mit einer Vorgeschichte und zeigt auf, warum Italien aus dem Dreibund ausschied. Das zweite Kapitel behandelt die Ereignisse des Londoner Vertrages. Das dritte Kapitel beschäftigt sich mit dem Staatsvertrag von Saint Germain. Dabei wird zunächst der Weg der österreichischen Delegation in Saint Germain umrissen, danach wird die Übergabe des ersten Teils des Staatsvertrages von Saint Germain dargelegt, schließlich auch die Übergabe des zweiten Teils. Das vierte Kapitel behandelt die Reaktion Österreichs auf die Friedensbedingungen. Das letzte Kapitel beschäftigt sich dann mit der frühen Phase Südtirols unter Italien: Als erstes wird das Scheitern des frühen Faschismus dargelegt. Danach wird das Ziel des Deutschen Verbandes dargestellt.

b) Forschungsüberblick

Michael Gehler behandelt in seinem Buch „Tirol im 20. Jahrhundert. Vom Kronland zur Europaregion" die Geschichte Tirols im gesamten 20. Jahrhundert. Er beginnt mit der Vorgeschichte Südtirols von 1859 bis 1914, beschreibt die Südtiroler Frage aber nicht ausführlich.[4] Karl Mittermaier stellt in seinem Buch „Südtirol. Geschichte, Politik und Gesellschaft" ebenfalls die historische Entwicklung Südtirols im 20. Jahrhundert dar. Er beschreibt die Südtiroler Frage ähnlich wie Gehler.[5] Der Aufsatz von Karl Stuhlpfarrer, „Südtirol 1919", beschreibt, wie der Titel nahelegt, die Situation in Südtirol im Jahr 1919. Er gibt einen kurzen Überblick über die Südtiroler Frage dieser Zeit.[6]

Das umfangreichste Buch über die Südtiroler Frage ist „Die Tiroler Frage auf der Friedenskonferenz von Saint Germain" von Richard Schober. Er behandelt die Tiroler Frage gründlich.[7] Das zweite hier gewählte Buch von Richard Schober ist „Die Friedenskonferenz von St. Germain und die Teilung Tirols", das einen kurzen Überblick über Südtirol im Staatsvertrag von Saint Germain gibt.[8]

Paul Herre behandelt in seinem Buch „Die Südtiroler Frage. Entstehung und Entwicklung eines europäischen Problems der Kriegs- und Nachkriegszeit" die Ereignisse zwischen dem demokratischen und faschistischen Italien und den beiden deutschen Staaten.

---

[4] Michael Gehler: Tirol im 20. Jahrhundert. Vom Kronland zur Europaregion, Innsbruck 2009.
[5] Karl Mittermaier: Südtirol. Geschichte, Politik und Gesellschaft, Wien 1986.
[6] Karl Stuhlpfarrer: Südtirol 1919, in: Isabella Ackerl und Rudolf Neck (Hg.): Saint Germain 1919. Protokoll des Symposiums am 29. und 30. Mai 1979 in Wien, Wien 1989, S. 54-77.
[7] Richard Schober: Die Tiroler Frage auf der Friedenskonferenz von Saint Germain, Innsbruck 1982.
[8] Richard Schober: Die Friedenskonferenz von St. Germain und die Teilung Tirols, Innsbruck 1989.

Zuerst beginnt er mit einer kleinen Vorgeschichte vom Altertum bis zum Weltkrieg und gibt dann einen ausführlichen Überblick der Rolle Südtirols im Staatsvertrag von Saint Germain.[9] Rolf Steininger schließlich stellt in seinem Buch „Südtirol im 20. Jahrhundert. Vom Leben und Überleben einer Minderheit" das gesamte 20. Jahrhundert Südtirols dar. Er behandelt die Südtiroler Frage nicht ausführlich, aber er gibt die wichtigsten Ereignisse der Teilung Tirols wieder.

c) Fragestellungen

Die Fragestellungen dieser Arbeit lauten: Was stellte der Londoner Vertrag dar? Was bedeutete der Londoner Vertrag für die Großmächte der Entente? Welches Ereignis stellte der Staatsvertrag von Saint Germain dar? Was wollte die österreichische Politik für Südtirol erreichen? Gab es Aktivitäten und Pläne, um die nicht-italienische Bevölkerung zu assimilieren? Was wollte der Deutsche Verband für Südtirol erreichen?

2 Vorgeschichte

a) Der Austritt Italiens aus dem Dreibund

Die Annexion Bosniens durch Österreich-Ungarn war ein Verstoß gegen den Berliner Vertrag von 1878 und eröffnete die Frage des gesamten Orients, wo die Osmanen ihre frühere Machtfülle verloren hatten. Kaiser Franz Joseph sah die Annexion Bosniens als Ausgleich für territoriale Verluste in Italien. Es gab dabei zwei Lösungen, Bosnien zu annektieren: Die erste war eine „legale" Lösung, die die Großmächte aufforderte, die Angelegenheit auf einer Konferenz zu lösen. Die zweite und einfachere war die Annexion im Alleingang. Der Außenminister Alois Lexa von Aehrenthal entschied sich für die zweite Lösung, da die erste seiner Ansicht nach einem großen Risiko bedeuten und zu Meinungsverschiedenheiten zwischen den Allianzen führen würde, was letztendlich bedeuten könnte, dass Österreich-Ungarn allein mit dem Deutschen Reich als Verbündetem übrigbleiben könnte. Anstatt diese Risiken einzugehen, entschied sich Aehrenthal für eine einzige, damals überraschende Methode, Bosnien einfach zu annektieren. Er war, so ist im Nachhinein klar, zu optimistisch, dass es niemand in Europa mit der Donaumonarchie aufnehmen wollte, und glaubte fest daran, dass er auch Kontrolle über die Russen hatte. Aehrenthal hatte eine breit aufgestellte

---

[9] Paul Herre: Die Südtiroler Frage. Entstehung und Entwicklung eines europäischen Problems der Kriegs- und Nachkriegszeit, München 1927.

österreichische Politik entwickelt und sie in Berchtesgaden im Jahr 1908 vorgestellt: Die Annexion Bosniens wurde als notwendig erachtet und Russland wurde nicht verboten, die Meerenge zu überqueren. Er hatte auch einen Plan für Serbien, das zwischen Österreich und Bulgarien aufgeteilt werden sollte. Und seiner Meinung nach sollte nicht zuletzt die Monarchie in trialistischer Weise umgebaut werden. Die Annexion Bosniens war dann allerdings einer der Gründe, warum Italien aus dem Dreibund ausschied.[10]

Die italienischen Radikalen reagierten feindselig auf die Annexion Bosniens durch Österreich und forderten eine Entschädigung für Italien, ein Bündnis mit England und die Ablehnung der Politik durch Außenminister Tommaso Tittoni. Tittoni wollte, dass Italien die dritte Großmacht auf dem Balkan würde, und glaubte an ein russisch-österreichisches Abkommen bzgl. Bosnien, das die Krise der Annexion ohne Schaden überstehen würde. Tittoni glaubte, dass die Krise in Bosnien ohne größere Probleme gelöst werden würde, aber am Ende stellte sich heraus, dass es eine Täuschung und eine Beleidigung für Tittoni war. Tittoni hatte seine Außenpolitik so gestaltet, dass sie auf einen Ausgleich mit Österreich-Ungarn beruhte. Er war persönlich in die Bosnienfrage involviert, indem er Aehrenthal versicherte, dass die Bosnienkrise keinen internationalen Charakter haben würde, und riet ihm, sich auch mit den Osmanen über die Annexion Bosniens abzustimmen. Dabei hatte Tittoni die internationale und nationale Gegenreaktion unterschätzt, da die Annexion gegen den Berliner Vertrag verstieß. Tittoni verzichtete auf seine Idee, dass Italien Teil der russisch-österreichischen Allianz werden könnte. Tittoni hatte keine andere Wahl und stimmte für Rom als Ort einer Konferenz mit England und Russland. Er drohte nun Aehrenthal sogar mit dem Austritt Italiens aus dem Dreibund. Bernhard von Bülow betonte, dass Österreich und Italien nur eine Lösung hatten: entweder Freunde oder Feinde zu sein. Aus diesem Grund musste Italien genau überlegen, ob es aus dem Dreibund ausscheiden und eine Konfrontation mit der Donaumonarchie riskieren sollte. Auf der einen Seite nutzte Sidney Sonnino für seine Politik die Gelegenheit, die Regierung und die österreichische Politik auf dem Balkan anzugreifen und die Außenpolitik von Tittoni zu kritisieren. Aber er wollte nicht, dass Italien aus dem Dreibund ausschied. Der ehemalige Ministerpräsident Alessandro Fortis hingegen hoffte, dass sich die Situation so schnell wie möglich bereinigen würde oder Italien dann alternativ aus dem Dreibund ausscheiden und seine Armee stärken würde, um das Land gegen seine ehemaligen Verbündeten zu verteidigen. Für Österreich-Ungarn bedeutete das ein Ultimatum. Tittoni

---

[10] Holger Afflerbach: Der Dreibund. Europäische Großmacht- und Allianzpolitik vor dem Ersten Weltkrieg, Wien 2002, S. 622f, 626f, 630 und 632.

übernahm keine Verantwortung; in dieser Nicht-Aussage sah Aehrenthal wiederum ein Beklagen von Tittoni, der damit die österreichisch-ungarische Annexionspolitik kritisiert hätte.[11] Josef Redlich war der Meinung, dass Österreich-Ungarn eine Verhandlungslösung für diese Situation finden sollte: „Wir müssen entweder mit Rußland in geheime Verhandlung treten und die anglorussische Entente auflösen oder wir müssen rasch mit der Türkei handelseins werden. Sonst treiben wird in den Krieg: Krieg mit Serbien, Montenegro, Türkei und – Italien. Wollen wir das? Der alte Herr gewiß nicht! ..."[12]

3 Italienische Gebietsansprüche auf Südtirol und der Londoner Vertrag von 1915

Die Ermordung von Franz Ferdinand im Sarajewo am 28. Juli 1914 ging dem Ersten Weltkrieg voraus. Österreich-Ungarn hatte dann am 23. Juli ein Ultimatum an Serbien gestellt und am 28. Juli Serbien nach Absprache mit Berlin den Krieg erklärt. Rom wurde am Tag der Kriegserklärung informiert. Die Ablehnung des Ultimatums von Belgrad führte dann letztendlich zum Ersten Weltkrieg. Bevor Italien gegen Serbien auch in den Krieg zog, wollte es eine Entschädigung, auch wenn das Gebiet Serbiens vorübergehend besetzt würde. Dieses Verhalten Italiens bedeutete, dass es das Trentino bekam, wozu Berlin bereit war; im Gegenzug musste es sich den Verbündeten gegen Serbien anschließen oder zumindest eine freundschaftliche Neutralität gewährleisten.[13] Die Neutralitätserklärung Italiens kam dann am 2. August 1914, die allerdings aus genannten Gründen nicht als Mittel zur Wahrung des Friedens angesehen werden kann. Diese Neutralität veranlasste Italien, seinen Zukunftsplan fertigzustellen und das Lager zu wählen, das am ehesten mit seiner Idee der nationalen Grenzsicherheitspolitik und der imperialen Expansionsstrategie übereinstimmte.[14] Italien wollte zu einer Großmacht werden, aber dem widersprach die Großmacht Österreich-Ungarn, die mit der Annexion von Bosnien und Herzegowina 1908 die Hoffnung Italiens auf eine Vorherrschaft auf dem Balkan auslöschte. Italien rechtfertigte diese Neutralität nun dadurch, dass es keinen Grund gebe, gegen Serbien Krieg zu führen, weil es gegen Italiens eigene natürliche und nationale Interessen verstoßen würde. Dies wird auch im Buch „La neutralità

---

[11] Ebda., S. 648ff.
[12] zit. n. Afflerbach, S. 652.
[13] Ulrich Bablick: Vom Londoner Vertrag bis zum Vertrag von Saint Germain. Tirol 1915-1919, Wien 2000, S. 12.
[14] Karl Mittermaier: Südtirol. Geschichte, Politik und Gesellschaft, Wien 1986, S. 18.

italiana" des Autors und Politikers Antonio Salandra deutlich zum Ausdruck gebracht, der schreibt:[15]

> „Die Niederlage Serbiens bedeutet die endgültige Hegemonie Österreichs und die triumphierende Invasion des Pangermanismus auf dem Balkan, sie bedeutet den Verlust jeder Expansionsmöglichkeit für uns, den Verlust der Adria in kommerzieller und militärischer Hinsicht."[16]

Die Neutralität Italiens wurde von den Westmächten als positives Zeichen gesehen, die ebenfalls Angebote an Italien machten, um ein Bündnis zu erreichen. Italien wurde von der Entente im August 1914 anerkannt, weil Russland wegen seiner Interessen auf dem Balkan von Italien erwartete, eine dritte Front gegen Österreich-Ungarn zu eröffnen. Zu diesem Zeitpunkt hatte die Entente Italien bereits ein erstes offizielles Angebot zum Kriegseintritt gemacht. Frankreich war bereit, Italien das Trentino zu geben. Das Angebot wurde am 10. August 1914 vom russischen Außenminister Sergey Dmitryevich Sazonov unterbreitet. Es umfasste neben dem Trentino auch Triest und Valona.[17] Zu diesem Zeitpunkt gab es auch geheime Kontakte zwischen Italien und der Entente in London. Bedingt durch diese Kontakte erwartete Österreich-Ungarn den Abfall Italiens, weil sie nicht bereit waren, wiederum einen Teil ihres Territoriums aufzugeben. Unter dem Druck des Deutschen Reiches beschloss der Wiener Ministerrat am 8. März 1915, das Trentino an Italien abzugeben, um künftig auf dem Balkan keine Probleme zu haben und italienische Irredentisten ausweisen zu können. Die Verhandlungen zur Übergabe des Trentinos scheiterten jedoch, weil Sonnino eine sofortige Übergabe des Gebiets forderte, die von Kaiser Franz Joseph aber abgelehnt wurde. Drei Tage später, am 11. März, erhielt Italien einen neuen Plan von der Entente, zudem auch Südtirol bis zur Brennergrenze versprach.[18] Italien entschied sich aber erneut für Neutralität, da der neue Plan seiner Meinung nach nicht alle Forderungen erfüllte. Italien wollte auch Teile des Balkans, insbesondere der Adria. Der Londoner Vertrag wurde nichtsdestotrotz am 26. April 1915 von Russland, England und Frankreich unterzeichnet. Dieser Vertrag verursachte jedoch Unzufriedenheit unter den Partnern, da er auch gegen deren Interessen auf dem Balkan verstieß. Das Hauptproblem Italiens nach dem Ersten Weltkrieg schien die Frage, ob seine Verbündeten es unterstützen würden, denn mit dem Eintritt der USA in den Ersten Weltkrieg

---

[15] Richard Schober: Die Tiroler Frage auf der Friedenskonferenz von Saint Germain, Innsbruck 1982, S. 46f.
[16] Antonio Salandra: La neutralità italiana, Milano 1928, S. 88, zit. n. Schober: Die Tiroler Frage, S. 47.
[17] Ebda., S. 47f.
[18] Ebda., S. 49ff.

hatten sich die politischen Machtverhältnisse geändert. Ob sich der Londoner Vertrag erfüllen würde, hing ausschließlich von der Haltung des US-Präsidenten Wilson ab, denn dieser hatte diesen Vertrag nicht unterzeichnet.[19]

4 Der Staatsvertrag von Saint Germain 1918/19

a) Auf dem Weg nach Saint Germain

Für Österreich stellte der Londoner Vertrag kein Hindernis bezüglich Südtirols dar, da der US-Präsident geheime Verträge ablehnte. Die französische Außenpolitik wollte eine Abschwächung der deutschen Wirtschaft und eine Expansion Deutschlands verhindern, und alle Randgebiete würden aus dem Deutschen Reich entfernt. Auch Großbritannien hatte Interesse an einem schwachen Deutschland. Die Wiener Südtirol-Politik war auf das Ziel einer langfristigen und auf Gegenseitigkeit ausgerichteten Annäherung zwischen Berlin und Rom ausgerichtet. Die Lösung des Südtiroler Problems im österreichischen Sinne war nach Ansicht des deutschösterreichischen Außenministers Otto Bauer die vorübergehende Unterstützung Italiens für eine Annäherung Deutschlands an Rom.[20] Die Anschlusspolitik von Bauer beruhte jedoch auf wirtschaftlichen Gründen, was indirekt den territorialen Interessen Österreichs und damit Südtirols schadete. Diese kompromisslose Nordtiroler Propaganda und die Sozialdemokraten Österreichs wurden von der Tiroler Volkspartei und der Südtiroler bürgerlichen Partei abgelehnt, weshalb ein starker Gegensatz zwischen der Bundesregierung und der konservativen Mehrheit in Innsbruck entstand. In diesem Zusammenhang sind auch die Tiroler Bemühungen, um eine eigenständige Außenpolitik in der Schweiz zu sehen, die bereits vor Beginn der Friedenskonferenz für die europäische Diplomatie als Zentrum ehemaliger Kriegsgegner galt. Die Wiener Regierung richtete sich gegen die Tiroler Aktivitäten in Bern, weil sie gegen die Politik der deutschösterreichischen Beziehungen wirken wollte und sich deshalb für die Bildung einer unabhängigen und neutralen Tiroler Republik einsetzte. Diese sollte das italienische Engagement für die strategische Notwendigkeit der Brennergrenze entkräften. Die Unsicherheit, eine Lösung für das Problem Südtirols im Sinne Tirols zu finden, hat weder zu einem Konsens zwischen Nord- und Südtirol geführt noch zu einer Einigung zwischen den Parteien. Die deutschen Südtiroler Nationalisten begrüßten die Schaffung einer neutralen Republik. Als am 3. Mai 1919 in Paris die Entscheidung für eine

---

[19] Ebda., S. 51f.
[20] Richard Schober: Die Friedenskonferenz von St. Germain und die Teilung Tirols, Innsbruck 1989, S. 35f.

unabhängige österreichische Republik fiel, beschlossen die Tiroler Mehrheitsparteien, in der Landesversammlung einen unabhängigen, demokratischen und neutralen Staat zu erklären. Die Tiroler Selbstständigkeitsbewegung sah ihre Rechtfertigung im Verschwinden der Pragmatischen Sanktion, der Auflösung der staatsrechtlichen Bindung an das Haus Habsburg und einer daraus erstmals abgeleiteten verfassungsrechtlichen Realität. Neben dem Begriff der Selbständigkeit gab es zahlreiche Versuche der Tiroler Landespolitik, das Problem Südtirols im Tiroler Sinne zu lösen. Unmittelbar nach der Unabhängigkeitserklärung Tirols forderten die Alliierten Wien dazu auf, eine Friedensdelegation nach Paris zu entsenden, nachdem der deutsche Friedensentwurf bereits vorgelegt worden war.[21] Am 2. Mai 1919 entsandte die deutschösterreichische Regierung eine Delegation unter dem Sozialdemokraten Karl Renner, bestehend aus Franz Schumacher, Paul Freiherr von Sternbach und Franz Grüner, nach Paris.[22] Am 13. Mai reiste die österreichische Delegation nach Saint Germain, mit der Idee einer unabhängigen Tiroler Republik, bestehend aus Tirol und Vorarlberg, unter italienischer Hegemonie und bis zur Errichtung einer unabhängigen Republik. Dieses Bestreben blieb jedoch erfolglos, da die österreichische Delegation auf dem Weg nach Saint Germain von einer Veröffentlichung des Martin überrascht wurde, in der der Verlust aller umstrittenen Gebiete gemeldet wurde, in denen ein Referendum abgehalten werden sollte. Dies bedeutete auch den Verlust Südtirols. Nachdem die österreichische Delegation am folgenden Tag in Saint Germain eingetroffen war, wurde der territoriale und politische Rückzug beschlossen. Dieser politische Rückzug beinhaltete die Neutralisierung des deutschen Südtirols und ganz Tirols, die Aufnahme italienischer Garnisonen in das Gebiet Südtirols und letztendlich die Annexion durch Italien, aber auch die Wirtschafts- und Zollunion mit Österreich. Bis zur Übernahme des Friedensentwurf am 2. Juli 1919 unternahm die Wiener Diplomatie Anstrengungen, um mit Italien weiter über Südtirol zu verhandeln.[23]

b) Die Übergabe des ersten und zweiten Teils der Friedensbedingungen von Saint Germain

Der erste Teil der Friedensbedingungen wurde am 2. Juni an die österreichische Delegation übergeben, was einen schweren Schlag für Österreich und Tirol bedeutete, denn er brachte den Verlust Südtirols. Die österreichische Regierung unternahm einen weiteren Schritt für direkte Verhandlungen mit Italien, das sich jedoch weigerte, die geschlossene Front der

---

[21] Ebda., S. 37ff.
[22] Felix Ermacora: Der unbewältigte Friede. St. Germain und die Folgen 1919-1989, Wien 1989, S. 37.
[23] Schober: Die Friedenskonferenz, S. 40ff.

Siegermächte zu verlassen. Die italienische Regierung hätte wahrscheinlich Zugeständnisse in der Südtiroler Frage machen können, sofern der Anschluss Deutschösterreichs an Deutschland erfolgte. Dies eröffnete erneut die Aussicht, eine Lösung zu finden, die den Tiroler Wünschen entsprach. Es konnte auch in den Einstellungen der italienischen Zeitungen beobachtet werden, dass ein solches Verständnis gefunden werden hätte können. Die Turiner „Stampa" veröffentlichte Bauers Vorschlag, der bedauerlicherweise besagte, dass Italiens Verträge mit seinen Verbündeten direkte Verhandlungen verhinderte, aber am Ende äußerte er jedoch die Hoffnung, dass auf dieser Grundlage ein Abkommen zwischen Italien und Österreich geschlossen werden könne. Die Reaktion der Tiroler kam prompt: Sie äußerten den Wunsch, sich an Italien zu wenden, um den Weg für ein Verständnis zu ebnen, auf dessen Grundlage Südtirol für Österreich gerettet werden könne. Als die demokratische Regierung von Francesco Nitti die Führung der italienischen Regierung übernahm, legte die österreichische Regierung ihre Vorschläge bezüglich der Grenzen zwischen Italien und Österreich erneut vor. Die österreichische Forderung war, dass Volksabstimmungen die Grenzen bestimmen sollten und sie äußerten die Hoffnung, dass die italienische demokratische Regierung eine solche Forderung verstehen würde. Junio Valerio Borghese erklärte am 8. Juli, dass die italienische Regierung nicht in der Lage sei, eine Diskussion zu führen, die die Souveränität des Königreichs Italiens gefährden würde. Am nächsten Tag machte Nitti klar, dass die italienische Regierung die Bedingungen des Friedens von Saint Germain akzeptiert hatte. Für die italienische öffentliche Meinung wurde die Südtiroler Frage damit endgültig geschlossen und am 16. Juli wurde im englischen Oberhaus bestätigt, dass diese Entscheidung nicht mehr verhandelt werden konnte. Lord Bryce kritisierte die Friedensbedingungen für die Übergabe Südtirols an Italien und sagte, dass in diesem Gebiet schließlich mehr als 200.000 Deutschen lebten. Lord Newton hingegen antwortete, dass die Entscheidung eine Billigung des US-Präsidenten Wilson sei und dass die Delegierten der Friedenskonferenz der Ansicht seien, dass es in diesem Gebiet, das von Italien annektiert würde, eine sehr große italienische Minderheit gebe sodass ein Referendum unnötig sei. Im englischen Oberhaus stellte sich heraus, dass die Informationen mehr mit dem Trentino als mit Südtirol zu tun hatten, und deshalb musste der Vertreter der Regierung zugeben, dass er mit dem Thema nicht ausreichend vertraut war. Die ungerechtfertigte Entscheidung in dieser Debatte blieb jedoch bestehen.[24]

---

[24] Paul Herre: Die Südtiroler Frage. Entstehung und Entwicklung eines europäischen Problems der Kriegs- und Nachkriegszeit, München 1927, S. 102ff und 105ff.

Die österreichische Delegation unter der Leitung von Renner erarbeitete eine Reihe von Notizen zu den Befugnissen, nachdem die Vertreter der Länder abgereist waren. Am 22. Juni schrieb Renner einen Brief an Georges Clemenceau, den Präsident der Konferenz, um zu erklären, dass die in der Note vom 2. Juni enthaltenen wirtschaftlichen Bedingungen nicht erfüllt werden konnten. Renner befasste sich mit der Aufhebung des Paragraphs 49, der die Beschlagnahme von deutschösterreichischem Privateigentum in der ehemaligen Monarchie vorsah und die deutschösterreichische Verschuldung gegenüber den Sukzessionsstaaten verdoppelte. Das zweite Schreiben Renners vom 25. Juni befasste sich mit territorialen Fragen; er schlug darin eine Grenze für Südtirol auf der Höhe des Stilfserjoches vor sowie auch ein Referendum über diese Gebiete. Nach der Unterzeichnung des Vertrages durch Deutschland am 28. Juni schien es vorübergehend so, dass die Bedingungen der Konferenz für Österreich nicht allzu schwer sein würden. Als bekannt wurde, dass die Konferenz begonnen hatte, sich mit den österreichischen Gegenvorschlägen zu befassen, beeilten sich die Tiroler, ihr neues Treffen in Saint Germain zu organisieren. Bis zur Übergabe des zweiten Teiles der Friedensbedingungen am 20. Juli hatten die österreichische Delegation kein Interesse an einer weiteren Reise zur Friedenskonferenz, weil sie erkannten, dass sie in Saint Germain nichts tun konnten. Die Übergabe des zweiten Teils kam, aber es änderte sich nichts, auch die Grenzen nicht. Allein in Kärnten sollte ein Referendum abgehalten und das Gebiet Burgenlands an Österreich übergeben werden. Der Anschluss Österreichs an Deutschland wurde schließlich gemäß dem deutschen Vertrag geregelt, der seine Verbindung mit Deutschland verbot. Österreich musste sich ohne Zustimmung des Völkerbundes jeglicher Maßnahmen enthalten, die seine Unabhängigkeit beeinträchtigen würden, und durfte sich erst dann an den Angelegenheiten einer anderen Macht beteiligen, wenn es als Mitglied des Völkerbundes aufgenommen wurde. Die Bedingungen bestätigten erneut auch den Verlust von Südtirol.[25]

5 Die Reaktion Österreichs auf den Friedensbedingungen

Die deutschösterreichische Außenpolitik hat ihre grundsätzliche projektive Position gegen den aus ihrer Sicht katastrophalen Friedensvertrag nicht geändert. Die Tiroler waren offen gegen die Leitung durch die österreichische Delegation und versuchten mit amerikanischer Hilfe, dem italienischen Einfluss auf der Friedenskonferenz entgegenzuwirken, jedoch ohne Erfolg. Es folgten die große Note der deutschösterreichischen Delegation vom 10.

---

[25] Schober: Die Tiroler Frage, S. 405f und 409f.

und 16. Juni 1919. In der Note vom 16. Juni wurde erneut angeboten, Tirol zu neutralisieren und den Abriss aller Befestigungsanlagen in Südtirol einzuschließen. Italien lehnte die Neutralisierung Tirols ab. In der Zwischenzeit gab es in Tirol größere Proteste, wobei die Tiroler Politiker ihre Ablehnung gegen die Annexion Südtirols durch Italien zum Ausdruck brachten, den Italienern aber auch offen eine freundschaftliche Hand im Falle eines Verzichts auf das deutsche Südtirol anboten. Aufgrund der innenpolitischen Verhältnisse fanden am 15. Juni in Tirol die Parlamentswahlen statt, bei denen die Gegner erneut siegten, wobei deren Zahl jedoch stark zurückging. Die Zeit bis zur Vorlage des zweiten Teils der Bedingungen am 20. Juli 1919 war vom italienischen und deutschen diplomatischen Einflusskampf in Tirol geprägt. Berlin wollte die von Deutschland und Italien geforderte Annäherung ausnutzen und hoffte auf das damit verbundene Südtirol auf Tiroler Seite, um die Tiroler Verbindung für die Zeit nach dem Frieden zu fördern. Nach der Rückkehr der österreichischen Delegation nach Tirol am 10. Juni verlagerte sich die Politik Südtirols nach Innsbruck. Die Bestrebungen wurden von der deutschen Diplomatie unterstützt. Ziel dieser Kontakte war es, Südtirol durch Annäherung an Italien zu retten und die damals vertieften Beziehungen des Reiches zu Italien auszunutzen. Die Gespräche mit den Italienern in Innsbruck, Paris und Wien gestalteten sich aufgrund der mangelnden Kommunikation und Kooperation zwischen den österreichischen Delegationen im Allgemeinen sehr schwierig. Nach dem Sturz der Orlando-Sonnino-Regierung reiste dann der neue Außenminister Tittoni als Sonderbeauftragter nach Wien. Am 8. Juli 1919 schließlich gab er Bauer die Annexion Südtirols offiziell bekannt.[26]

Die Südtiroler schlugen hingegen vor, den Status Südtirols nach dem Beispiel der Republik San Marino zu regeln, und dieser Vorschlag wurde an die Friedenskonferenz gerichtet. Der US-Präsident Wilson konnte nichts gegen diesen Vorschlag unternehmen, da er bereits in die USA zurückgekehrt war. England unterstützte diesen Vorschlag, wobei insbesondere Lord Bryce seinen Einfluss wieder ausübte. Der Ministerpräsident Tittoni drückte seine Unzufriedenheit mit dem Vorschlag der Südtiroler aus. Er lehnte die Bemühungen um einen aus seiner Sicht unangemessenen Schutz Österreichs entschieden ab. Nachdem die italienische Delegation sich endgültig entschieden und der Anschlussfrage zugestimmt hatte, dass nach dem allgemeinen Friedensabkommen die Fiume-Frage in direkten Verhandlungen zwischen Italien und dem Königreich der Serben, Kroaten und Slowenen, kurz SHS, gelöst

---

[26] Schober: Die Friedenskonferenz, S. 43ff und 46.

werden würde, gelang es ihr, den gefährlichen Bindungen zu entkommen, die Italien damit drohte.[27]

Einige Wochen später trat Bauer aufgrund des Scheiterns seiner Mitgliedschaft und seiner Außenpolitik zurück. Erst nach dem Rücktritt von Bauer erfuhren die Tiroler von dem endgültigen Urteil über den Verlust Südtirols. Tirol konzentrierte seine Politik danach ganz auf Berlin, aber das änderte nichts am Schicksal Südtirols. Alle weiteren Bemühungen, insbesondere die österreichischen Noten vom August 1919, zeigten keine Wirkung. Auch die zweite Tiroler Delegation setzte den Kampf hoffnungslos fort. Die Wiener Politik strebte nach einer Autonomielösung für Südtirol als Bedingung für ein italienisch-österreichisches Gleichgewicht. Alle diese Schritte waren jedoch bereits bedeutungslos, da zu diesem Zeitpunkt die territorialen Fragen endgültig geklärt waren. Die letzte Friedensvereinbarung vom 2. September 1919 bestätigte den Verlust Südtirols ohne Vorkehrungen für Autonomie und Minderheitenschutz. Zweifellos spielte die Erklärung des italienischen Ministerpräsidenten Nitti eine wichtige Rolle, die er am 6. August im entscheidenden Moment gab, nämlich dass Italien eine liberale und tolerante Politik gegenüber seinen Bürgern deutscher Zugehörigkeit in Bezug auf Sprache, Kultur und ihre wirtschaftlichen Interessen verfolgen wollte.[28] Obwohl die österreichische Nationalversammlung am 6. September 1919 gegen den Anschluss der Südtiroler aus dem Staatsgebiet protestierte, ermächtigte sie die Delegation, den am 10. September 1919 geschlossenen Vertrag zu unterzeichnen. Nach der Unterzeichnung des Staatsvertrages von Saint Germain war die Verbindung zum Deutschen Reich und die Verwendung des staatlichen politischen Namens Deutschösterreich sowie der Republik Deutschösterreich als Teil der Republik Deutschland verboten. Die Republik Österreich wurde nach der seit 1920 geltenden Bundesverfassung als Bundesstaat Österreich konstituiert und wurde vom Wiener Rechtsgelehrten Hans Kelsen entwickelt.[29]

6 Die frühe Phase Südtirols unter Italien

a) Das Scheitern des frühen Faschismus – Ettore Tolomei

Ettore Tolomei versuchte mit seinem „Kommissariat für Sprache und Kultur" Südtirol zu assimilieren. Er war gegen die Presse in Südtirol, weil sie in deutschen Händen war. Zudem forderte er, in dieser Region die italienische Flagge zu hissen und den Doppeladler der

---

[27] Herre: Die Südtiroler, S. 110.
[28] Schober: Die Friedenskonferenz, S. 46ff.
[29] Michael Gehler: Tirol im 20. Jahrhundert. Vom Kronland zur Europaregion, Innsbruck 2009, S. 73 und 75f.

österreichisch-ungarischen Monarchie aus öffentlichen Gebäuden zu entfernen. Tolomei schaffte ein Programm zur Italianisierung Südtirols. Dieses enthielt vier Punkte, von denen die folgenden Zwei als besonders wichtig herauszustellen sind: Erstens sollte Südtirol keine Autonomie erhalten und zweitens sollten alle Stempel von deutscher Sprache ins Italienische geändert werden. Diese Vorschläge wurden von der Regierung in Rom nicht unterstützt, woraufhin Tolomei gewaltsame Proteste gegen den Außenminister Sidney Sonnino organisierte. Die Reaktion der Regierung auf diese Proteste war es, die Aufhebung des Kommissariats in Bozen rückgängig zu machen.[30]

Einer der Konflikte zwischen der Militärverwaltung und Tolomei war der Wechsel der Toponomastik von der deutschen Sprache ins Italienische. Tolomei appellierte an die Militärverwaltung und an die Regierung in Rom, alle Gemeinden und Bahnhöfe in Südtirol ausschließlich auf Italienisch auszuweisen. Diese Forderung wurde jedoch in Rom abgelehnt und somit blieb die Toponomastik auf Deutsch. Aus diesem Grund ergriff Adriano Colocci-Vespucci, der ein Mitglieder des Kommissariats war, mit zwei Soldaten die Initiative, entlang der Bahnlinien deutschsprachige Namen durch Bezeichnungen in italienischer Sprache zu ersetzen. Ihr Vorgehen war nicht erfolgreich, da die italienische Armee sofort reagierte, indem sie die italienischen Namen entfernte. Neben der Toponomastik waren für Tolomei auch die Schulen von großer Bedeutung. Er forderte die Schaffung italienischer Schulen in Südtirol, was wiederum scheiterte, weil das Armeekommando in Padua den Zustrom italienischer Lehrer nach Südtirol verhinderte. Colocci-Vespucci war von dieser Entscheidung des Armeekommandos frustriert, weshalb er in sein Tagebuch schrieb, dass der österreichische Charakter in Südtirol noch präsent sei. Der Widerstand der Militärverwaltung ließ ihn an der Position der Regierung in Rom bezüglich der Annexion Südtirols zweifeln. Diese Ansicht änderte sich jedoch am 24. April 1919, als US-Präsident Wilson Südtirol Italien zusprach. Im Zuge dessen änderte Ministerpräsident Orlando seine Haltung gegenüber den Deutschen in Südtirol, sodass er Tolomei unterstützte, der einen neuen Plan für die Behandlung der Deutschen ausarbeitete.[31] Der neue Plan Tolomeis enthielt fünf Punkte:

1. „Beseitigung einiger pangermanistischer Führer
2. Sofortige Errichtung italienischer Schulen gemäß dem Manifest vom 18. November 1918

---

[30] Falkensteiner: Die italienische Südtirolpolitik, S. 30f.
[31] Ebda., S. 32f.

3. Einführung der italienischen Nomenklatur
4. Errichtung der Einheitsprovinz Trient
5. Möglichste Unterbrechung der Beziehungen mit Nordtirol".[32]

Der neue Plan Tolomeis erhielt die Zustimmung von Ministerpräsident Orlando und hätte als Tolomeis erster Sieg für die Entnationalisierung bezeichnet werden können. Doch obwohl der Plan durch die Regierung in Rom genehmigt wurde, folgte keine sofortige Umsetzung, da die Militärregierung den Plan ablehnte.[33]

Als die neue demokratische Regierung unter Francesco Nitti zur Macht kam, war Luigi Credaro zum neuen Generalkommissar gewählt worden. Die Ernennung Credaros zum Generalkommissar führte zu Unzufriedenheit der Südtiroler, weil sie ihn als Gegner der Autonomie Südtirols sahen. Doch Credaro führte eine freundschaftliche Politik gegenüber Südtirol. Aus diesem Grund war Tolomei mit der Arbeit von Luigi Credaro nicht zufrieden. Tolomeis Missfallen gegenüber Credaro war, dass er nur einen Teil von Tirol sah und es als Teil der deutschen Kultur behandelte. Nach Tolomeis Ansicht würde ein nachhaltiger Ansatz jeden irredentistischen Versuch der Südtiroler untergraben, die Politik von Credaro aber würde den Irredentismus Südtirols und seine Forderungen stärken. Tolomei geriet in Konflikt mit Credaro und löste aus diesem Grund Anfang September 1919 sein Kommissariat auf.[34] Dies zeigte, dass die Ziele Tolomeis in der frühen Phase scheiterten.[35]

b) Francesco Nitti und der Deutsche Verband

Die Unterzeichnung des Friedensvertrages von Saint Germain und der Verlust Südtirols zeigten deutlich, dass die Politik der Tiroler zur Erhaltung ihres Territoriums gescheitert war. Die Versuche, einen internationalen Schutz der Deutschen in Südtirol zu erreichen, blieben ebenfalls erfolglos. Infolge dieser Ereignisse mussten die Tiroler ihre Politik ändern, indem sie sich an Rom wandten. Alle Tiroler Parteien kamen im Oktober 1919 zusammen, um für die Autonomie Südtirols einzutreten. Sie gründeten den sogenannten Deutschen Verband. Unmittelbar nach der Gründung des Deutschen Verbandes begannen die Verhandlungen über die Gewährung von Autonomie. In der ersten Sitzung forderte der Deutsche Verband die Schaffung einer Autonomie Südtirols mit eigenem Landtag und die Wahrung von Sprache und

---

[32] Ebda., S. 33f.
[33] Ebda., S. 34.
[34] Ebda., S. 49.
[35] Karl Stuhlpfarrer: Südtirol 1919, in: Isabella Ackerl und Rudolf Neck (Hg.): Saint Germain 1919. Protokoll des Symposiums am 29. und 30. Mai 1979 in Wien, Wien 1989, S. 54-77, hier S. 60.

Bräuchen. Er forderte auch, dass junge Südtiroler vom Militärdienst ausgeschlossen würden, damit Südtirol eine eigene Miliz haben könne. Nitti und Francesco Salata widersetzten sich den Forderungen nicht und erklärten, dass die Autonomie eine ideale Lösung für das Problem Südtirol sei. Der Deutsche Verband wurde beauftragt, einen Autonomieentwurf auszuarbeiten, um eine geeignete Grundlage für die Diskussion weiterer Verhandlungen zu schaffen. Der deutsche Verband begann sofort mit der Ausarbeitung eines Entwurfes für die Autonomie Südtirols und präsentierte ihn im Dezember 1919. Er bestand aus 18 Punkten. Unmittelbar nach Fertigstellung des Entwurfes wurde er an die Regierung in Rom übertragen.[36]

Der Deutsche Verband entsandte am 16. April 1920 erneut eine neue Delegation mit dem Entwurf der Autonomie für Verhandlungen in Rom. Die Delegation war jedoch mit den Verhandlungen nicht zufrieden, da die römische Regierung sich weigerte, obligatorische Zugeständnisse zu machen. Nitti und Salata versicherten der zweiten Delegation jedoch, dass die beste Lösung zwei unabhängige Provinzen mit jeweils eigenem Wahlkreis und die Gewährung von administrativer und weitgehend legislativer Autonomie seien. Zweifellos waren Nitti und Salata sehr freundlich zu Südtirol, aber in diesen beiden Verhandlungen gab es keine konkreten Versprechen und sie wurden von italienischer Seite nicht als eine Verhandlung, sondern als ein Kontakt betrachtet. Die einzige Möglichkeit, die Autonomie zu erreichen, bestand darin, über die neu erworbenen Gebiete ins Parlament zu gelangen. Unmittelbar nach der Annexion mussten Neuwahlen abgehalten werden.[37] Im Jahr 1920 wurde die Nitti-Regierung gestürzt und der Faschismus in Italien begann, für die Autonomie Südtirols bedeutete das das Ende.[38]

7   Schlussbetrachtung

Einer der Gründe, warum Italien aus dem Dreibund ausschied, war die Annexion Bosniens durch Österreich-Ungarn. Die Kriegserklärung Österreich-Ungarn an Serbien führte Italien zur Neutralität. Die italienische Historiographie beurteilt diese Neutralität als „eine korrekte Interpretation des Casus foederis".[39] Der Vertrag von London war für Italien von großer Bedeutung, um seine strategischen und nationalen Forderungen zu erfüllen; Frankreich,

---

[36] Falkensteiner: Die italienische Südtirolpolitik, S. 62f, 65
[37] Steininger: Südtirol im 20. Jahrhundert, S. 45.
[38] Leopold Steurer: Südtirol zwischen Rom und Berlin 1919-1939, Wien 1980, S. 60.
[39] Mittermaier: Südtirol, S. 19.

England und Russland sahen Italien als einen Verbündeten im Krieg gegen Österreich-Ungarn und auf dem Balkan.

Die historische Entwicklung Tirols im 20. Jahrhundert war von der Niederlage Österreich-Ungarns im Ersten Weltkrieg und der Aufteilung des Landes in zwei Teile in Saint Germain geprägt. Die Aufteilung des Landes löste die Debatte über die Südtiroler Frage aus, und das Jahr 1918/19 war für diese Frage entscheidend. Der US-Präsident Wilson reagierte positiv auf die Teilung Tirols.

Nach der Übergabe des ersten Teils der Friedensbedingungen, zu denen für Österreich auch den Verlust Südtirols gehörte, forderte die deutschösterreichische Außenpolitik eine taktische Annäherung an Frankreich. Nach der Aussage von Fürst Livio Borghese, dass Italien die Annexion Südtirols nicht aufgeben würde, griff Tirol auf deutsche Unterstützung zurück, welches in dieser Frage reserviert war. Italien versuchte, bestimmte Tendenzen in englischen Kreisen auszugleichen, um das Südtiroler Problem wieder zu öffnen und schließlich seine Annexion zu sichern. Die italienische Regierung manövrierte diese Situation, indem sie der Regierung Deutschösterreichs ihre Unterstützung für die Vereinigung mit Deutschland versprach. Italien wollte unter allen Umständen die Annexion Südtirols. Wegen der möglichen negativen Folgen eines Verlustes und der vielfältigen Projekte, die in Saint Germain und Wien zur Disposition standen, sollten Tirol und Österreich bis zur endgültigen Annexion Südtirols durch Italien ruhiggehalten werden.[40]

Die Pläne für die Annexion Südtirols hatten vor dem Ende des Ersten Weltkrieges begonnen und Ettore Tolomei hatte diese Pläne vorbereitet. Er wollte ein spezielles Amt für Südtirol schaffen, um gegen das Deutschtum vorzugehen. Dies war ein Plan der Nationalisten, die keinen Unterschied zu den späteren Faschisten machten. Die italienische Regierung gab der kleinen faschistischen Bewegung volle und nachhaltige Freiheit. Die Annexion Südtirols erwies sich als Ergebnis des nationalistischen Imperialismus Italiens.

Die Regierung von Francesco Nitti hielt es für notwendig, Südtirol administrative und legislative Autonomie zu gewähren, was sich in den Verhandlungen zwischen ihnen und dem Deutschen Verband im Jahr 1919/20 zeigte. Diese Verhandlungen brachten jedoch nicht die erwarteten Ergebnisse für den Deutschen Verband. Im Jahr 1920 wurde die Regierung Nittis vom neuen Ministerpräsidenten Giovanni Giolitti gestürzt und so begann eine neue Phase in Südtirol, in der die Annexion nun offiziell erfolgte.

---

[40] Schober: Die Tiroler Frage, S. 441.

8 Literaturverzeichnis

Afflerbach, Holger: Der Dreibund. Europäische Großmacht- und Allianzpolitik vor dem Ersten Weltkrieg, Wien 2002.

Bablick, Ulrich: Vom Londoner Vertrag bis zum Vertrag von Saint Germain. Tirol 1915-1919, Wien 2000 (Dipl. Arbeit).

Ermacora, Felix: Der unbewältigte Friede. St. Germain und die Folgen 1919-1989, Wien 1989.

Falkensteiner, Hartwig: Die italienische Südtirolpolitik von 1918 bis 1922, Innsbruck 1995 (Dipl. Arbeit).

Gehler, Michael: Tirol im 20. Jahrhundert. Vom Kronland zur Europaregion, Innsbruck 2009.

Haas, Hanns: Österreich und die Alliierten 1918-1919, in: Ackerl, Isabella und Neck, Rudolf (Hg.): Saint Germain 1919. Protokoll des Symposiums am 29. und 30. Mai 1979 in Wien, Wien 1989, S. 11-40

Herre, Paul: Die Südtiroler Frage. Entstehung und Entwicklung eines europäischen Problems der Kriegs- und Nachkriegszeit, München 1927.

Mittermaier, Karl: Südtirol. Geschichte, Politik und Gesellschaft, Wien 1986.

Schober, Richard: Die Friedenskonferenz von St. Germain und die Teilung Tirols, Innsbruck 1989.

Schober, Richard: Die Tiroler Frage auf der Friedenskonferenz von Saint Germain, Innsbruck 1982.

Steininger, Rolf: Südtirol im 20. Jahrhundert. Vom Leben und Überleben einer Minderheit, Innsbruck 2004.

Steuer, Leopold: Südtirol zwischen Rom und Berlin 1919-1939, Wien 1980.

Stuhlpfarrer, Karl: Südtirol 1919, in: Ackerl, Isabella und Neck, Rudolf (Hg.): Saint Germain 1919. Protokoll des Symposiums am 29. und 30. Mai 1979 in Wien, Wien 1989, S. 54-77.

BEI GRIN MACHT SICH IHR WISSEN BEZAHLT

- Wir veröffentlichen Ihre Hausarbeit,
  Bachelor- und Masterarbeit

- Ihr eigenes eBook und Buch -
  weltweit in allen wichtigen Shops

- Verdienen Sie an jedem Verkauf

Jetzt bei www.GRIN.com hochladen
und kostenlos publizieren